Een lege plek

Gedichten van Ruud Broekhuizen

ISBN: 9789493155022
Eerste druk, januari 2020
Uitgeverij Leeuwenhof

"... ik heb altijd gewild dat ik dat was, een lege
plek voor iemand, om te blijven."

Uit *Een lege plek om te blijven* van Rutger Kopland.

INHOUD:

Leeg

Een Lege Plek

In dit hotel
vrijen we niet
We slaan haken
in elkaars vlees
spijkeren onze nagels
rauw in het vel
klauwen snel
langs de rouwrand
van ons verstand
waar mijn hand zoekt
naar de verleden tijd
We slaan de geest
uit het bed
als een besmet
beest dat onze
toekomst bezet
Jij bijt
ik splijt je lijf
met botte bijlen
De hijgende geile
sla ik
De zachte, waarachtige
verkracht ik
deze nacht
door haar ogen
die vervliegen
beliegen, bedriegen

Ze heupwiegt me
strontvliegt me
biecht mij alles op
uit pure angst
voor ons

In dit hotel
slapen we niet
Jouw benen
zijn onvindbaar
voor de mijne
Op een altaar
van eenzaamheid
achtergelaten
Ze haten elkaar
Liggen daar
in het luchtloze
de broze nacht
naar het dode
te dragen
De dagen, jaren
uit evenwicht
ontwricht ze me
verplicht ze me
tot wanhoop
Ze slaat
een dolk in de tijd

Drie keer draaien
linksom
Drie keer draaien
rechtsom
Tot de klok stilstaat
Elk genot vergaat
Als dood zaad wegspoelt
in het regenseizoen
De grond is weg
Het plafond ver weg
Liefde in luchtledig
Leeg van jou
Leeg van jou

Dit is het hotel
waar de wanhoop woont
Ik moet opstaan
Ik moet weggaan
Uit dit bed waar we
elkaar niet kennen
Ik moet lopen
Ik moet rennen
Weg uit onze vertrouwde stad
Waar de liefde is onttroont
Dit is het hotel
waar de wanhoop woont
Dit is het hotel
waar de wanhoop woont

Ik zoek een plek
om mijn hoofd
leeg te braken
niet te denken
niet te voelen
kaal te ontwaken

Ik zoek een plek
om weg te gaan
stil te staan
met toekomst
een verleden
om bij stil te staan

Ik zoek een plek
om ons samen
neer te leggen
ik zoek een plek
zacht in het gras
zacht zoals het was

Vast

Gevangen zijn
In het moment
Dat niet terug komt
Als je roept
Of huilt
Om geleden tijd
Verleden strijd
Aan de verkeerde kant
Van het leven
Waar vrijheid
Net als ik
Vastzit aan verdriet

Breekbaar

Ik viel
Ik was dus breekbaar
Al die tijd

En ik lig daar
In stukken
En schop om mij heen

Tot jij breekt
Als ik stuk ga
Waarom jij dan niet?

Nu er overal om ons
Scherven liggen
En jij slaapt in splinters

Fluister ik mijn huid
Tegen je bloedend lijf
Dat ik nu

Voor altijd te breken ben

Een lichaam

een lichaam ligt in de morgen vroeg
opengeslagen de eeuwigheid te bewaren

en ik mag mijn handen strelen aan je huid
de tijd aanhouden en met onze adem
in tellen omhoog kruipen

over onze tongen sluipen en de geluiden
schrapen van je mond tot je stil
en ooit verloren gaat

gestold in gedachten lig jij meedogenloos
ruw en lief en mooi en stout en kwaad
knopen in seconden te leggen

Afscheid

Ik moet gaan
Waarom?

Waarom niet?
Je zou ook kunnen blijven

Je weet dat dat niet kan
Jij weet dat, ik niet

Diep in je hart weet jij het ook
Jouw hart, niet het mijne

Wat zegt jouw hart dan?
In mijn hart is het even stil

Dat zegt ook veel
Ja, stilte is soms veelzeggend

Ja

Jij kan dat ook goed

Wat?
Stil zijn

Had ik minder stil moeten zijn?
Je had meer moeten zeggen

Had jij dan meer naar mij geluisterd?
Ligt eraan wat je had gezegd

Als ik eerder had gezegd dat ik zou gaan?
Dan had ik wel geluisterd

En dan?
Dan was je nu al weg geweest

Had je dat liever gehad?
Ja

Waarom?
Dan was ik minder lang alleen

Terwijl ik al die tijd bij je was…?
Ja

En nu ik vandaag ga
Dan ben ik ook eenzaam

Dus blijven of weggaan, ik maak je eenzaam?
Ja

Dan is het maar goed dat ik wegga
Waarom?

Het is beter om alleen eenzaam te zijn
Is dat zo?

Beter dan met z’n tweeën eenzaam zijn
Was jij ook eenzaam?

Vaak wel
Dus daarom ga je naar hem?

Daarom ga ik weg bij jou
Om mij

Ja
Niet om hem?

Nee, om jou	**Als hij er niet was geweest was je gebleven?**
Misschien wel	**Terwijl je eenzaam was**
En jij ook	**Misschien had ik moeten gaan**
Had je dat gewild?	**Nee**
Dan is het maar goed dat ik ga	**Ja**
Nou, dan ga ik maar	**Nu?**
Ik kan nog wel even blijven	**Tot wanneer?**
Tot na het eten	**Nog 1 keer samen eten?**
Ja	**Wat eten we?**
Waar heb je trek in, pasta?	**Is goed**
Maak ik een pasta	**En dan eten we die samen?**
Ja	**En dan ga je?**
Daarna ga ik	**Dan heb ik liever dat je nu gaat**
Waarom?	**We eten nooit samen**
Dus nu ook niet?	**Nee, ik heb liever dat alles hetzelfde blijft**
Alles?	**Ja. Dus ga maar weg**
Nu?	**Ja, nu**
Dan ga ik	**Daar ga je**

Een Leegte

Harrie

Hoeveel geheimen mag je meenemen
als de tijd opraakt
en de waarheid in je laatste ogen
          - ik mis, jij lief -
het stralend middelpunt is
van onze laatste woorden
die we niet uitspreken
          - ik weet, jij voelt -
omdat er genoeg is gezwegen
en voldoende is gezegd
tussen mijn hand en jouw huid
          - ik streel, jij traan -
waar de dood te snel inkruipt
om laatste verhalen te leven
tussen kaften van fantasie
          - ik blijf, jij gaat -
leg de letters in je schoot
op de drempel van stof
waait de windstilte weg
          - ik sluit, jij open -

Het Vergeten

Het vergeten kan soms stil zijn
Hoe je sterke arm om de mijne
Het bed kleiner maakte
De lakens van papier, zo kouds
En ik met het ritme van je aders
Mijn adem gelijk zette
Omdat ook de tijd stil was

Nu het leven raast en denderend
langs de klok trekt, jij vertrekt
Ik blijf of andersom
Wil ik je godvergane lichaam
Aan mij vastklinken
Om samen stil te zijn
En alles te vergeten
Behalve ons

Smelten

Ik zie mijn passen in de sneeuw, nog deze dag. Indrukken van stappen die ik zelf heb gezet, voet voor voet voor voet. Voorzichtiger in de tijd, steeds vooruit, dat wel, maar langzamer dan de benen om mij heen. Die nog minuten hebben, verderop het pad, uren soms nog, als kinderschoentjes met felle kleuren huppelend de toekomst bestuiven en herinneringen maken voor jaren. Tot zij, als ik, hun stappen niet meer tellen en in grote schoenen, voet voor voet voor voet, alleen nog de toekomende afdrukken koesteren in de seconden smeltende sneeuw.

Zwarte dekens

Ze hebben je gestolen

Zwarte dekens tussen je denken gelegd
Die klam van eeuwig etterende nachten
Pissebedden waaien naar een waanidee

Spinnenrag aan de rand van de zandbak
Waar je bent uitgekotst door verrotte
Gedachten die je vangen en opslokken

Is het stil in je hoofd?
Kan ik liefde maken van je handen
Die tasten, strelen, voelen,
Voelen, strelen, tasten.
En opnieuw

Je twijfelende lijf knaagt aan dagen
Die steeds meer verslomen
In slaap sukkelen
Eindelijk
Kan ik je pakken, strelen, wiegen,
Wiegen, strelen, pakken

Ik dwaal met je mee
Spuug de vloeken
Tot ik jank
En nooit opgeef

Kom meisje

Kom, dan bouwen we het paleis van je dromen
Maken muren tegen morgen
Vandaag is het feest

Kom, dan lachen we samen de nacht weg
Iedereen is bang in het donker
Ik nog het meest

Spiegel

Ik wil alleen je stem maar horen
Die schreeuwde toen ik werd geboren
En verloren ondersneeuwde in een toekomst
Zonder jou
Is er overeenkomst als ik snauw, huil, lach, zing
De dag verdring met muziek
Of was het stil toen ik ging
In doeken, een mand een bed
Langs de kant gezet, met zachte hand
Opgepakt en weggebracht
Naar een land waar ik de geluiden niet ben
Je stem niet meer herken

Ik wil alleen je hand maar voelen
die misschien even door mijn haren ging
voor jaren van herinnering
en mij losliet
Zijn ze stram, klam, klein, fijn als bij mij
Een kind zich schatert, mijn vinger
de lach van haar wangen vangt
om de dag te dragen die verlangt
naar vragen waar het loslaten begint
en het vasthouden stopt

verschopt door lege handen
die te kort zijn om te omarmen
Ik wil alleen je talent maar weten
Die je bij je draagt en ongevraagd
In huis tot een lied omzet
Of een gebed
Kun jij jezelf verliezen in muziek
Waarin elke noot een uniek
Deel van je ziel blootlegt
Dat zich subtiel aan de dood hecht
Meer nog dan aan het leven
Zweven er soms coupletten langs
Je geweten zoals ik met mijn snaren
Alles kan vergeten

Ik wil alleen je ogen eens zien
Misschien dat een opslag de lach
Van herkenning vindt, een kindsblik
Op een verjaardag
Is het dezelfde onrust die de lust
Tot leven kust, de wens dat
ieder mens liefde is en ik mijn geliefde mis
die ik nooit heb gezien

maar voelt als de spiegeling van mijn aarde
de oude nieuweling die ervaarde
dat je alleen naar thuis kunt gaan
waar je wieg heeft gestaan

Ik wil alleen maar voor de spiegel staan
En dat ik dan net zo lang kijk
Om te zien
Of ik op je lijk

Een Lege Plek

Ons Huis

Soms als het zo waait
Een vier kanten wind
Je nergens beschutting vindt
En stemmen verstuiven
In onherkenbare kleur
Met een beklemmende geur
Van verstoten en tegen
Over elkaar gaan staan
Zoek ik in ons huis
De bescherming van
De zachte hand van
Twijfel aan onze woorden
Die we fluisteren naar
Elkaar en aftasten
In het donker

Je mond nog onbekend
Met klanken die vallen
Op de vloer en ik opraap
Om ze te keren en te
Proeven tot ze passen
In een aarzeling
Van mijn begrip

Maar ik vind mij in kamers
Opgesloten met alleen maar
Ons eigen gelijk

Nergens kruipen wij nog tegen elkaar

In dit grote bed onder de tocht
Trekken we de lakens weg
Van schuilende reizigers
Die zonder navelstreng
De slaap niet vatten
Onze huig van ongenoegen
Gorgelt ronkende pamfletten
Dromend over een vlekkeloos verleden
Roepen we onze darmen leeg
Een streepje maan valt
Op een laatste laagje beschaving

Nergens kruipen we nog tegen elkaar

De vingers strelen
Het venster op de wereld
Delen een lach met een kus
Aan zoveel vreemde vrienden
Achter het gordijn
Plast moeder naast haar luier
Efficiënt de druppels onder haar stoel
Oud geworden met onze vingers
Die graaiden in vlaaien
Van luie lust en zelfzucht
Aandacht is de zeldzaamste vorm van vrijgevigheid

Nergens kruipen we nog tegen elkaar

Alleen jij en ik liggen nog wang aan wang

Schuimdansen

Min 18 graden, Belgrado
Een streepje zonlicht kado
Hij staat achter het metrostation
Waar hij zonder pardon
Tussen hoeren en proleten
Die ’s nachts hun trots opvreten
In de kots van vergeten toekomst
Is gegooid. Gekooid, berooid
Half ontdooid in sneeuw
De gouden eeuw van de beschaving
Slechts een vervaging achter beton
Rot op het fundament
Los cement van het parlement
Dat wegrent van stranden
Waar wanhopigen stranden
Uitgeroeid strandjutten
Naar het waarom
Afgevoerd als schoften
Naar negerhutten van oom Tom
Optelsom van de oorlog
Drinkend uit de trog
Van gesmolten beloften

Min 18 graden, Belgrado
De ochtend van een desperado
Hij strekt zijn hand
Spant zijn spieren
En pakt een blok met zeep
Sluit zijn oog, kin omhoog
Zodat hij de nacht vergeet
De kracht van het zweet
Dat wegspoelt over de rots
Als hij zijn ingesopte borst
Toont aan elk volk
Dat wegkijkt naar de grond
Hij schuimdanst met zijn trots
Spoelt de rechtvaardigheid
Met zijn waardigheid weg
Traanwater voor de vrijheid
Waar Europa in woont
Dat ziek van egoïsme
De menselijkheid onttroont

Het Narcist

Het krokust en narcist
Zoals al jaren
Weer geweldig
Aan onze kant
In dobberend licht
Van verwachting
Versieren wij de
Korte rokken
Die parade houden
Langs de feesttafels
Van wijn en bier
En vieren vrijheid
In kogelvrije weldaad
Van overdaad
Dat elke lente
Opnieuw ontpopt
In dit verrukkelijke land
Waar iedereen past
Ik schenk je nog eens in
Want dit leven is te mooi
Om niet te delen
Het tulpt en blauwe druift
Zoals altijd
Fantastisch
Bij ons
Maar kom niet.
Blijf thuis
Vertrap
Onze bloemen niet
Sta niet
In onze zon
Dus
Kom
Niet

Een Plek

Zwartwater

Je ligt daar op de bodem van je woning
In het net gesloopte zwartmeer
Verward en meer
Droog te zwemmen
Achter je adem aan te rennen
Tussen de kurkklei van gestold leven.
Alsof Jan Adriaanszoon Leegwater
Vanaf zijn troon de spade
In de aarde stak en de kale
Grond plak voor plak
Heeft afgeritst
De toekomst heeft uitgewist
Om in het reine te komen
Met zijn eigen kindsdromen:
De wereld winnen met een windmolen

Toen jij nog spartelde en dartelde hier
De hoogte van de rivier en de zee
De bankier en de dominee samenbracht
Om met vereende kracht
De balans te bewaren:
Welvaren onder het waterpeil
Zij hingen hun kroos te drogen
Op de waslijn naar morgen

Vier eeuwen schijnen gouden florijnen
Aan de horizon
Nu het besef komt
Dat de zon als bron van het leven
Niet alleen kan geven
Maar ook kan nemen

In alles benemende extremen

Ik kan wel blijven groeien mijn kind
Hopen dat de wereld z'n draai vindt
Nog een graai nemen uit je footprint
Die stapt in eeuwig economisch wasdom
In de tussenstop nog rijk wordt
Terwijl ik mijn kop in de dijk stop
Lig jij daar te happen naar je toekomst
Die verdampt tot dorst
Alles vermorst
Tot een gat in de aarde
Waarin alles van waarde weerloos is
Het kind dat de ik baarde veerloos is
Om weer op te staan

Slaap maar lekker mijn kind
Het zwartwater is verdroogde waar
Grijparmen en grondbakken staan klaar
Je dromen worden gesloopt

Slaap maar kind
Als er iemand is die hoopt
Dat jij het geluk nog vindt
Dit leven
Ben ik het
Als dat mislukt mijn kind
Mag je mij de schuld geven

Zo simpel is het

Kamer 107

Vandaag heb ik mijn waardigheid afgedaan
Het is donderdag, maar kan ook zondag zijn
Want ik draag de dagen zonder naam
Sinds ik hier zelf een nummer ben, voor hen
Ben ik die van kamer 107
Die elke dag iets onbekwamer het leven
Probeert te verstoppen in zijn fantasie

De slaap is mij vannacht ontrouw geweest
Een donkere vrouw die wacht tot het feest
Afloopt, in de hoop de laatste geest
Aan de bar te vangen
En onbevangen
Met haar prangende borst
Het zwakker verlangen naar meer laat stromen
Zodat ik wakker werd
Aan de verkeerde kant van mijn dromen
Slapen is mijn oefening voor de dood
De omgekeerde biologie

En zo at ik vanochtend in bed mijn boterham
Stram knagend aan de dag, vervagend ontzag
Hoe het hart de tijd blijft kloppen
De longen lucht pompen in lekke aderen
Die verdwalen in de dalen
Van mijn opgerimpelde huid
Een sissend geluid van veerkracht
Dat zeer zacht neervalt naast mij op het kussen
M'n lichaam wil niet meer voor de spiegel staan
Weerkaatsing van vergane anatomie

De thee van verpleegster Angela
Is lauw van de tijd, vertraagd door de haast
Om uren in minuten te stoppen
Raast ze door de gangen
Zodat mijn vraag of ik kan douchen
Zolang blijft hangen
Dat het zelf stof vangt in de hal
Spinnenrag tussen het verlangen
Om met water mijn fatsoen te wassen
De derde pyamadag in successie

En zo sleept de dag de uren in haar net
Zet ik de tijdloze Bach op de radio naast het bed
Heb medelijden God omwille van mijn tranen
Zodat de kille eenzamen worden gered
Van hun oceanen van tijd
Waar ik in verdwaal
In doelloosheid
Tijd. Tijd is mijn grootste kwaal
Verleden tijd de remedie

3 jaar geleden overleed mijn lief
Een najaarsmorgen
Kil van novemberzon
Die dag begon
Elke ochtend zonder goedemorgen
En zo is het gebleven
De kinderen niet
Net nog gaat
Het boodschappenapparaat

Gekregen van dochter Anne
Zodat iedereen kan appen om te vragen hoe het gaat
Surrogaat voor dan hoeven ze niet langs te gaan
Ik heb het net gelezen:
“Opa, net nog aan je gedacht
Omdat ik in tram 8
Precies het verpleeghuis zie
Je kleindochter Kimberly”

En nu ligt de waardigheid voor mij op de grond
Na 2 keer bellen, Angela roepen
Want om 3 uur mag ik poepen
Zit ik sinds 10 minuten in mijn eigen stront
Warm en zacht als vlaaien in het koeienland
Waaien mijn dromen de toekomst uit want...
Straks komen de vliegen
Cirkelend boven dampend darmenrest
Vergaan in kamer 107
Om 10 over 3

Bodemloze eerlijkheid

De ruigste razernij heb ik gezien in de woorden en fakkels de je gooide vanachter het dichte gordijn. En kogels in bonkige knieën die zich fluisterend op een kleedje legde omdat ze hun God uitpakten in jouw stad. Met vreemde kruiden morsten op je tafel.

Ik heb het zelf gezien.

Hoe je een grote hand legde op je zoontje en rennend naast zijn fiets hijgend losliet en lachte. Hem krachtig de hemel in tilde en hem zoende. Wel twee keer. En jullie hoofden elkaar raakten.

Ik heb het zelf gezien.

Hoe jij in zijn pupillen jezelf zag en de lepels blindheid uitspuugde in het gras en er een ruiten kleedje overlegde. Er een ijsje aten dat jullie samen deelden. Hij twee likjes en jij steeds maar één.

Ik heb het zelf gezien.

Wie diep genoeg naar binnen kijkt
het eelt van de haat wrijft
vindt een bodemloze eerlijkheid.

Paardenbloemen

De akkoorden van je woorden
Dragen het behaaglijk verleden
Van gister en langer geleden
Als we boven rimpelloos zwijgend
Water op de steiger giechelend
Onze zomerblote schaduwbenen
Wiegen boven de spiegel

In een voorzichtig lichtig buigen
Naar voren zie ik de geboorte
Van de glimlach die je sproeten
Die middag laten dansen
Tussen woorden die in kransen
Verloren wegdrijven voor
Ik de zinnen kan opschrijven

Je gekrulde vingers slingeren
Landerig mijn hand tegen
Onze benen, de tenen met sluipende
Pas door het dauwzachte gras
Tot jij plots je buik laat vallen
Tussen dat verwonderde groene
En honderden paardenbloemen

Zoenen we dorstig de lusten
Van onze verborgen borsten
Onder ritsloze shirts zijn de
Gidsloze tongen verzonken

In ademen benemende
Klanken uit longen zoals een
Zomer nog nooit is bezongen

De bevrediging echoot tussen
Sloot en vogels als wij bloot
Op onze rug knijpogen naar
De zon die alsof hij schaamvol
Toeschouwer was spontaan
Een schaapwolkje voor zijn
Uitzicht laat gaan

Zittend in naspel van blikken
En grinniken sluipen wij
Onze kleren aan over vochtige
Voeten en zoeken woorden
Die horen bij verleden tijd
Van hartstocht die verglijdt
In naderende aftocht

Nog naast elkaar terug
Vlug een blik naar wat was
De afdrukken in het gras
Met de cirkels van je billen
Die het voorbije uur willen aaien
En kijk de paardenbloemen
Die naar ons zwaaien

De Stilte

Stilte had geen vrienden, merkte hij op school.
Niet dat hij zich verschool, elke dag met een glimlach
Naar het klaslokaal, maar elke dag hetzelfde verhaal:
stilte is niet normaal.
Want zonder verhaal spreek je nooit de taal van allemaal.
Eet je eenzame boterhammen
in een aula van pubergrappen
Waar zelfbenoemde helden
voelen dat hun status stijgt
je applaus krijgt
als je aangeschoten wild bedreigt
door sambal te smeren op crackers van zwijgzaamheid
zodat hij in eenzaamheid
zijn thee dronk onder de kapstok.
In de spelonk van zelfredzaamheid zag hij zijn zelfbeeld vervagen.
Tranen die vallen op wangen van stilte zijn extra trage.

De Ongehoorde spoorde niet, dachten docenten bij momenten.
Slungel in de klas, tas met ontbrekende boeken erin
klungel bij de gym,
waar hij als een schim in ongewis
zijn eigen geschiedenis
omboog tot erfenis van herinneringen
door tot ontsteltenis van leerlingen
zo uit de ringen te springen
dat als hij zijn stembanden zou dwingen
hij drie octaven hoger kon zingen.
Waarna hij in wanhoop afdroop, wegsloop
naar zijn cocon van verlatenheid.

Daar dronk hij uit een flacon van gelatenheid
spot en hoon naar de salon van de eeuwigheid.
Maar het woord lag dan buiten zijn macht,

hij had een andere kracht.
Want als er een antwoord werd verwacht, abstract, exact,
ingepakt in accolades, waardes in decades,
14 tot de 4de macht,
differentiequotiënt van delta y tot delta 8:
ogen als vensters op een sterrennacht.
Zijn ruggenmerg buigt, de elleboog schuift, zijn pen zuigt
zich aan ruitjespapier, hij kruipt in cijferplezier,
is cipier van zijn eigen verlossing,
met in het vizier de oplossing.
Net als de som is ontleed, is er iets dat hij vergeet,
– niet dat hem speet, hij wist precies wat hij deed –
waardoor de 10 hem net zal ontvallen.
En stilte lacht. Want hij houdt niet van ronde getallen.

Stilte ging wiskunde studeren, leerde over priemgetallen.
Werd al snel door de mooiste gedachte overvallen.
Hoe meer hij ontleedt, en deelt en speelt,
aan het eind van het speelveld ziet hij zijn evenbeeld
in de spiegel van het leven:
het priemgetal en hij, allebei oneven.

Jaren zat hij gebogen over boeken, bevlogen aan het zoeken
naar het succes van de stelling van Euclides,
de kwelling van het proces naar de ontdekking
wat al tweeduizend jaar het geval is:
dat 2 het kleinste priemgetal is.

Het was een waarheid waar hij niets mee beginnen kon.
De klaarheid waarmee het bij hem binnendrong
maakte elke som tot een wanhoopsdaad.
Het is zoals het er staat, haast obligaat
zoals het in stilte voor hem verscheen:

2 is gewoon 1 plus 1.
Waarom is hij dan nog alleen?

Hij stortte zich één nacht in het studentenleven, de stille oneven.
Waar corpsballen brallen
maar niks hebben met plezier in getallen
behalve 1 meter bier met z'n allen
en zweren bij het onteren van de chickies die ze onkies
aan hun spies willen smeren
door ze bij het zien te categoriseren van 1 tot 10.
Hij hield het voor gezien, is niet lang gebleven.
Al fantaseerde hij over nummer 7.
Onrustige rolde hij op zijn twijfelaar matras,
dromend hoe wellustig hij als minnaar was.
Aaibaar, met borsthaar, een winnaar, een komklaar kampioen
Maar toen hij de nacht kon afdoen,
de lakens in de was moest doen
kwam het besef toen
hij zijn boterham van het aanrecht griste:
Zijn zaad is het verspildste,
hij bleef de ongewildste, de niet-chillste.
De stilste.

De tong van de stilte ligt roerloos in de mond
als hij op het station staat die avond.
Hij wacht tot de trein komt en terwijl hij te wachten stond
Leek het idee om de verlangen-naar-liefde-wond
voor altijd te stelpen,
door zich van perron 1 te werpen
nog niet zo ongezond.
Als de trein aanrijdt verkeert hij nog even in tweestrijd.
Weet je of je pijn lijdt bij zo'n afscheid
en wil je dat bij Station Koog-Bloemwijk?

Al die gedachten ten spijt, hij was niet goed voorbereid.
Als 2 minuten na vertrektijd de sprinter binnenrijdt
kan hij als laatste wapenfeit
alleen nog voor de stoptrein springen.
Daar wilde hij niet aan beginnen.
Je ligt voor gek voor die machinist daarbinnen.

De Stilte stapt in de trein naar Uitgeest.
Waarin meest van de mensen net terugkeren van een feest.
Lawaaiig hangen ze valig en armzalig boven tablet en mobiel
en volgen dociel de tweets van elke imbeciel
die nooit meer een boek leest.
Juist als hij wil blijven staan op het balkon
nog één blik werpt in de andere wagon,
zit zij daar in haar eigen cocon.
Omringd door de schoonheid van haar huid.
Haar kuit losjes geslagen over haar knie,
blond haar met slagen poëzie
en wimpers die waaien in het ritme van een Wagner-symfonie.

En als ze Krommenie passeren
wil hij niets anders dan haar begeren.
Zij die daar straks-een-prachtige-vlinder zit te wezen
En ze is een boek aan het lezen, van JM Coetzee.
Maar het mooiste van alles: ze zat in de stiltecoupé.
Hij gaat tegenover haar zitten.
Knikt licht als zij haar evenwicht verschuift,
wuift met zijn wenkbrauw naar haar gezicht.
Supervrouw in avondlicht.
Want dat doe je als je tong opgevouwen in je mond ligt.
Langzaam ontstond een gesprek tussen hun ogen,
vlogen aaibare woorden, afgewogen en ingetogen
als zingbare akkoorden naar elkaars aangezicht.

Haar pupillen konden verhalen stralen,
haar wangen het verlangen naar onbevangen dansen ophalen,
en haar lach legde kransen om de dag in honderd talen.
Nog voor het bericht *dit is station Uitgeest* leest hij van haar lippen
Ik hou van jou nog het allermeest, aan jou kan niemand tippen.

Het is de nacht dat de stilte wordt gestreeld.
Haar zachte hand speelt en heelt
de wonden waartoe hij voor altijd leek veroordeeld.
Hij laat zich gaan en proeft haar dijen
als ze ongeoefend vrijen.
Eenmaal opgewonden wil hij haar beminnen,
bij haar binnen dringen,
raakt hij buiten zinnen.
Die hij niet zeggen kan.
Een kil spasme.
Een stil orgasme.
Maar dan een gil van enthousiasme
en zij komt met hem mee.
En hij denkt: 1 plus 1 is 2.

Even later ligt hij in stilte tegen haar zweetzilte lichaam aan.
Zonder woorden zijn ze alleen deelbaar door één geworden.
Als hun ademhaling een daling naar het geruisloze neemt,
de tijdsbepaling het eindeloze claimt
is er alleen maar een welsprekend zwijgen,
waar verhalen nog de tijd krijgen
om te rijpen naar ideeën.
En hij weet als ze naar elkaar kijken:
de stilte is het mooiste met z'n tweeën.

Man van glas

Ik zit gevangen in de kroniek van mijn verleden.
De tragiek van het heden waar muziek
mijn overleden perspectief op de toekomst doorklieft.
Niet meer geliefd sinds mijn thuiskomt
waar dood en leven samenkomt.
Ben ik twee dagen geleden
uit mijn huis en bed gezet.
Besmet met teveel geschiedenis zit ik in hechtenis
van de glazen bodem die elke keer verschijnt
aan het eind van een slok.
Maar gelukkig weer verdwijnt
als je Bart achter de bar inseint
die mijn glas weer vol klokt.
Zodat de pijn wat kan slinken.
Herinneringen verdrinken.

Van een in de war man.
Helemaal alleen.
Barman, doe mij er nog één.

Alleen de kat miauwde zacht
toen ik in de koude nacht
zacht het tuinpad achterliet.
Vijandig grondgebied.
Ooit een veilige haven
waar ik mij 's avonds kon laven
aan je mond van mooie woorden
die de woeste dromen plooiden
als de dagen sporen van verval gaven.
Ik vertelde wat ik zag, rook en hoorde.
Jij keek, proefde en antwoordde.

En streek met zachte hand
de gedachte weg die zelf ik niet hoorde.
Brandend belandden we in bad
in bed de liefde geblust
het laatste restje stof van mijn lippen gekust.
Uitgerust in onze badjassen met lichte passen
naar het bed van onze zoon.
Over de troon van ons geluk gebogen
zeg ik: hij heeft jouw ogen.
En jij zegt: hij heeft jouw mond.
Mijn mond die sinds die dag
zijn zinnen heeft vermoord
En als elk woord op mijn tong slaapt
stotterend en stuiterend naar binnen slaat
verlaat ik sluipend het tuinpad.

Een in de war man.
Helemaal alleen.
Barman, doe mij er nog één.

Vanavond sta ik voor je.
Een man van glas.
Vanavond sta ik voor je.
Zo breekbaar
als ik nooit eerder was.

Als kind al wist ik op een dag
dat het leger mijn domein was.
Omdat ik thuis zag dat veiligheid maar schijn was.
Ik bouwde van dekens een fort onder stoel en tafel
voordat wekelijks de poel van vuur en zwavel

in huis valt, lalt dat het eten hem niet bevalt
en tegen mamma uitvalt
tot zijn vlakke hand tegen haar wang knalt
en ik stilval onder het sprei van mijn ouders bed.
En in dat kasteel van verloren onschuld
waar de lucht met alcohol en geweld was gevuld
werd mijn toekomst versneld ingevuld.
Ik zou mij over mijn moeder ontfermen.
De wereld beschermen
tegen onrechtvaardige vaders
verraders die nog kwaadaardiger willen.
Ik zie Beiroet, Bagdad en Srebrenica.
Ga op pad om de schat van vrede te bewaken.
Zie de wrede smaken van ons denken ontwaken
tot de beelden mij zelf misselijk maken.
Ik kotsend in mijn bed zit.
Tot God, Allah en Jahweh bid, roep, smeek.
Laat dat ene beeld vervagen.

De vragen van een in de war man.
Helemaal alleen.
Barman, doe mij er nog een.

We rijden door de straten van Kabul mijn maten en ik.
Aanblik van een zinderende marktdag, deze maandag.
Honderden mensen en kinderen gaan die dag
hun groente, fruit en brood halen.
Maar zullen met de dood betalen.
We gaan het marktplein op
als een kar met illegale wijn erop
pontificaal voor ons voertuig stopt.

Achter een vat verstopt springt een man de weg op
en opent het vuur op onze man achter het stuur.
Het duurt misschien twee seconden
voor wij onze wapens vonden
naast de auto stonden
en over de grond rolden.
Ik lig onder een fruitstand.
Heb zicht op die vent die wegrent
en op dat moment
wil ik hem in zijn benen schieten.
Niet teveel bloed vergieten.
Als ik aanleg en wil overhalen
trekt iemand de palen van de marktkraam om
zodat een doos bananen tegen mijn lichaam komt
mijn arm zich kromt en draait en keert
en de kogel verkeerd de loop verlaat.
Het slaat in het hart van een jongetje op de fiets
die uit het niets de markt oprijdt
wegglijdt en in een paar seconden tijd
in zijn eigen plas met bloed overlijdt.

Kabul glinstert in het middaglicht.
Als ik onder de bananen lig.
Ik sta op en loop
tussen de wanhoop
van de mensen door
hoor hun woede
proef de wraak
op hun tongen
maar ik loop
naar de jongen

Ik trek een deken over zijn kleine lijf.
Kijk hem even in het gezicht
waar net de toekomst nog op stond.
De ogen van zijn moeder.
Zijn vaders mond.

De oorlogswond
van een in de war man.
Helemaal alleen.
Barman, doe mij er nog één.

Vanavond sta ik voor je.
Een man van glas.
Vanavond sta ik voor je.
Zo breekbaar
als ik nooit eerder was.

Als ik thuis kom vraag jij hoe het was.
Ik sleep stil mijn tas naar boven
zeep de missie van mij af.
Ik kruip onder de deken,
jij sluipt tegen me aan.
We bedrijven gewend de liefde
maar mijn lichaam rent bij je vandaan.
Op de vlucht voor de verhalen
die jij naar boven wilt halen
uit de dalen van mijn bestaan.
En als we samen
bij de kamer van onze zoon staan
laat ik je alleen naar binnen gaan.

We gaan met het gezin
de supermarkt in
infarct van de waanzin.
Twintig karren in de gang ontwarren.
Graaien tussen links en rechtsdraaiend.
Mijn blik op de uitgang.
Als ik een pot met de pindakaas pak
en jij niet snapt dat ik die zonder nootjes heb gepakt
knapt het
klapt het
ontsnapt het laatste stukje evenwicht.
En sla ik je midden in je gezicht.

L'histoire se répète
Barman, kun je het op de rekening zetten.

Want straks sta ik voor je.
Een man van glas.
Straks sta ik voor je.
Zo breekbaar
als ik nooit eerder was.

Neem mij in je armen.
Ik vertel je hoe het was.
Wat ik ruik, proef en zag.
Neem mij in je armen.
Ik zal breken als glas.

Beluister de volgende gedichten uit deze bundel, voorgedragen door de dichter zelf:

Schuimdansen
(blz. 32)

De stilte
(blz. 44)

Man van glas
(blz. 50)

Bekijk de auteurspagina van Ruud Broekhuizen op de website van uitgeverij Leeuwenhof:

www.uitgeverijleeuwenhof.nl/ruudbroekhuizen

2.5 12-01